LES DOSSIERS DU DROIT DE LA PHOTO - VOLUME 1 -

L'IMAGE COMME ARME IDÉOLOGIQUE

Par Me Joëlle VERBRUGGE

Éditeur responsable
Joëlle Verbrugge
17 Allée Artzamendy
64600 Anglet

Textes et schémas didactiques : Joëlle VERBRUGGE
Pictogrammes dans le texte : Philippe BAUDUIN/ PICTOMATIC
Maquette de couverture : Matthieu BIASOTTO
Portrait 4ème de couverture : Alix Le Brozec

ISBN 979-10-359-6687-4

EN AUTOÉDITION

. « La photo de rue » - Parcours juridique (Janvier 2023)
. « Les Dossiers du Droit de la Photo - Tome 1 - L'image comme arme idéologique » (Avril 2023)
. « Les Dossiers du Droit de la Photo - Tome 2 - Droit à l'image et caricature politique » (Avril 2023)

<u>AUX ÉDITIONS 29BIS</u> – Cette société est aujourd'hui dissoute – Me contacter si besoin : j'ai encore du stock de certains ouvrages

. « Checklist Photographe de mariage »
. « Checklist Mon éditeur et moi ! »
. « Checklist J'édite mon livre tout seul ! »
. « Checklist Entreprises : communiquez par l'image en toute légalité »
. « Checklist On m'a volé une photo ! »
. « Checklist Photographie d'enfants : droits et devoirs »
. « Checklist Le RGPD pour les Photographes et Vidéastes » avec Me Martin LACOUR
. « Checklist Photos et films d'entreprise » (**épuisé**)
. « Checklist Prises de vues aériennes » avec Carine SCHWEITZER

. « Le photographe et son modèle »
. « Creative Commons »
. « L'originalité en photo et vidéo »

. « JurImage L'Intégrale 2015 » (**épuisé**)
. « Jurimage L'intégrale 2016 » (**épuisé**)
. « Jurimage L'intégrale 2017 » (**épuisé**)
. « Jurimage L'intégrale 2018 » (**épuisé**)
. « Jurimage L'intégrale 2019 » (**épuisé**)

VOIR ÉGALEMENT

. Blog « Droit & Photographie » (http://www.droit-et-photographie.com).
. « Vendre ses photos », Ed. KnowWare (5ème édition épuisée - 6ème en cours de préparation)
. « Droit à l'image et droit de faire des images », Ed. KnowWare (3ème édition à venir en 2023)
. Articles dans le magazine bimestriel « Compétence Photo », Ed. KnowWare depuis janvier 2010.

TABLE DES MATIÈRES

QUELQUES MOTS SUR LA COLLECTION « LES DOSSIERS DU DROIT DE LA PHOTO »

Dans cette collection de dossiers, je regroupe une série d'articles - anciens et récents - autour de certaines thématiques.

Il peut s'agir d'analyses détaillées de jurisprudence sur des sujets divers, ou de dossiers consacrés à un sujet précis qui ne justifierait pas un ouvrage complet. Ceux qui connaissaient mes anciens articles publiés sous l'appellation « Jurimage » ne seront pas dépaysés par la forme adoptée pour la présentation. Certains articles des premiers volumes à paraître ont en outre déjà été publiés par le passé, mais chaque volume contiendra des analyses inédites s'ajoutant aux affaires déjà examinées. Dans tous les cas, il s'agira d'une photographie d'une problématique à un instant T, et la matière sera susceptible d'évoluer avec le temps. Lorsque les évolutions seront importantes, je me réserve de rééditer les volumes ultérieurement et/ou d'intégrer ces évolutions dans une publication plus complète sous forme de traité plus méthodique.

J'entends donc alimenter au fil du temps une collection à coût réduit, composée d'ouvrages minces et faciles à lire qui permettront aux créateurs ou utilisateurs d'images d'étoffer peu à peu leurs connaissances à l'aide d'éléments concrets.

Je privilégie un prix abordable pour permettre à chacun de se tenir informé dans un univers juridique en constante évolution, et où les règles ne sont pas toujours faciles à comprendre.

J'espère susciter ainsi votre intérêt.

Bonne lecture !

Joëlle Verbrugge

LE SUJET DE CE VOLUME

Les analyses qui vont suivre dans ce volume ont toutes un point commun : il s'agit d'affaires dans lesquelles une image a été créée, diffusée ou utilisée - voire détruite - pour promouvoir une idéologie, quelle qu'elle soit.

« Une image vaut 1000 mots » dit-on : certains l'ont bien compris, parfois au-delà de leurs espérances si l'on examine les conséquences judiciaires du mode d'expression choisi. C'est au prix d'affaires comme celles-là que progresse le droit et que les magistrats - nationaux ou supra-nationaux - peuvent continuer à définir les limites de ce qui est autorisé et de ce qui ne l'est pas.

Les règles juridiques mises en œuvre dans ces différentes procédures sont variées, en fonction des circonstances de chaque captation ou utilisation des images et de l'articulation des argumentations. Vous découvrirez que pour des faits presque identiques, il est possible d'aborder un conflit sous différents angles.

Parmi les affaires présentées, la première a donné lieu à un arrêt de la Cour européenne des Droits de l'Homme (CEDH), dont l'enseignement est bien sûr utilisable également devant les juges français.

Bonne lecture !

PEUT-ON BRÛLER EN PUBLIC LA PHOTOGRAPHIE D'UN ROI ?

J'analyse ici un arrêt de la Cour européenne des Droits de l'Homme en matière de liberté d'expression, lié à un acte perpétré sur la place publique. La CEDH avait pour mission de répondre à la question suivante : brûler en public la photo d'un chef d'État est-il couvert par la liberté d'expression ou peut-il, au contraire, entraîner une condamnation ? À l'heure où je prépare ce recueil, les manifestations en France se multiplient dans le cadre de la loi de réforme des retraites, et des actions identiques sont menées dans différentes villes, les manifestants brûlant des photos ou des mannequins à l'effigie de nos dirigeants français. Le sujet est donc parfaitement d'actualité.

La décision commentée est donc issue de la jurisprudence de la Cour européenne des Droits de l'Homme (CEDH). Pour rappel, il s'agit là d'une juridiction liée au Conseil de l'Europe, et non à l'Union (économique) européenne. La décision rendue présente un intérêt pour tous les pays membres du Conseil de l'Europe, dont la France fait bien entendu partie.

Les faits

En septembre 2007, lors d'une visite du Roi d'Espagne à Gérone, deux ressortissants espagnols ont installé une photo de grande taille du souverain, placée tête en bas, et ont ensuite brûlé la photo lors d'un rassemblement sur une place publique. Le rassemblement avait été placé sous le slogan « *300 ans de Bourbons, 100 ans de lutte contre l'occupation espagnole* ».

Ceci ne plut pas aux autorités espagnoles, et les deux ressortissants, qui avaient agi en masquant leur visage, furent arrêtés et par la suite condamnés pour le délit d'injure à la Couronne sur le fondement d'une disposition du Code pénal espagnol. Le jugement de condamnation relevait notamment que les deux intéressés avaient « *l'intention évidente de mépriser la figure de leurs majestés (le Roi et la Reine) au cours d'une manifestation dans laquelle la dynastie des Bourbons était présentée en tant que force occupante de la communauté autonome catalane* ».

Le jugement soulignait aussi que pour exprimer le rejet de la monarchie, il n'était pas indispensable de brûler l'effigie de ses représentants. Une peine de 15 mois d'emprisonnement ainsi qu'une déchéance de droit d'éligibilité furent prononcées, mais ensuite transformées, eu égard à l'absence d'antécédents des prévenus, en une amende de 2700 € dont le paiement subordonnait donc la levée de la peine d'emprisonnement. Ils firent appel du jugement, mais en vain, puisque la condamnation fut confirmée en appel, la juridiction saisie estimant que la liberté d'expression ne pouvait pas être invoquée par les deux autonomistes catalans.

Reprenant, dans son exposé des faits, les motivations de la juridiction d'appel, la CEDH précisa toutefois que la décision n'avait pas été prise à l'unanimité, 6 des 16 magistrats ayant formulé une opinion contraire.
Tout en payant l'amende prononcée à leur encontre, les deux intéressés introduisirent un recours devant le tribunal constitutionnel espagnol, en soutenant que la condamnation prononcée violait leur liberté d'expression, mais furent déboutés, le tribunal constitutionnel estimant que leur acte pouvait être assimilé à une incitation à la violence contre la personne des souverains représentés sur la photo et contre l'institution qu'ils représentaient, en « *encourageant des sentiments d'agressivité* » et en « *exprimant une menace* ».

Ayant ainsi épuisé toutes les voies de recours internes, ils saisirent la Cour européenne des Droits de l'Homme (CEDH).

L'arrêt (CEDH, 3ème section, 13/3/2018, n°51168/15 et 51186/15, Stern Taulats & Roura Capellera c/ Espagne)

La CEDH devait donc décider si, oui ou non, l'État espagnol, par l'intermédiaire de ses magistrats, pouvait brider la liberté d'expression des deux intéressés dans un cas de ce genre.
Dans un premier temps, elle rappela le contenu des dispositions constitutionnelles espagnoles garantissant la liberté d'expression (Art. 16 et 20 de la Constitution espagnole, traduits dans l'arrêt de la CEDH).

Article 16

« 1. La liberté idéologique, religieuse et de culte des individus et des communautés est garantie, sans autres limitations, dans ses manifestations, que celles qui sont nécessaires au maintien de l'ordre public protégé par la loi. »

Article 20

« 1. Sont reconnus et protégés les droits suivants :

a) le droit d'exprimer et de diffuser librement les pensées, idées et opinions par la parole, par l'écrit ou par tout autre moyen de reproduction ;

(...)

2. L'exercice de ces droits ne peut être restreint par aucune forme de censure préalable.

(...)

4. Ces libertés trouvent leur limite dans le respect des droits reconnus au présent titre, dans les dispositions des lois d'application et, plus particulièrement, dans le droit à l'honneur, à la vie privée, à l'image et à la protection de la jeunesse et de l'enfance.

(...) »

(Traduction de la Constitution espagnole reproduite dans l'arrêt de la CEDH)

Ces dispositions étaient donc en conflit, dans cette affaire, avec d'autres articles du même texte ET du Code pénal espagnol, que reprend également la CEDH pour bien asseoir son argumentation :

Article 56

« 1. Le Roi est le chef de l'État, symbole de son unité et de sa permanence ; il est l'arbitre et le modérateur du fonctionnement régulier des institutions , il est le plus haut représentant de l'État espagnol dans les relations internationales, spécialement avec les nations appartenant à sa communauté historique, et il exerce les fonctions que la Constitution et la loi lui attribuent expressément »

(Traduction de l'Art. 56 de la Constitution espagnole)

Elle fait de même avec les articles du Code pénal espagnol en rapport avec les faits incriminés :

Article 208

« Constitue une injure l'action ou l'expression qui blesse la dignité d'autrui en portant atteinte à sa réputation ou à son estime de soi.

Seule est constitutive d'un délit l'injure qui, par sa nature, ses effets et son contexte, est selon le sens commun considérée comme étant grave (...) »

Article 209

« L'injure grave à caractère public est punie d'une peine de six à quatorze mois-amende et, autrement, d'une peine de trois à sept mois-amende. »

Article 490

« (...)

3. Quiconque calomnie ou injurie le Roi ou l'un quelconque de ses ascendants ou descendants, la Reine consort ou le consort de la Reine, le régent ou un membre quelconque de la régence, ou le prince héritier de la Couronne, dans l'exercice de ses fonctions ou en raison ou à l'occasion de celles-ci, est puni d'une peine d'emprisonnement de six mois à deux ans, si la calomnie ou l'injure sont graves, et d'une peine de six à douze mois-amende si elles ne le sont pas.»

(Extraits traduits du Code pénal espagnol)

Enfin, pour compléter le panorama législatif, la CEDH cite un extrait d'une Recommandation du Conseil de l'Europe lui-même à propos des « discours de haine » :

« Aux fins de l'application de ces principes, le terme « discours de haine » doit être compris comme couvrant toutes formes d'expression qui propagent, incitent à, promeuvent ou justifient la haine raciale, la xénophobie, l'antisémitisme ou d'autres formes de haine fondées sur l'intolérance, y compris l'intolérance qui s'exprime sous forme de nationalisme agressif et d'ethnocentrisme, de discrimination et d'hostilité à l'encontre des minorités, des immigrés et des personnes issues de l'immigration. »

(Extrait de la recommandation R(97)20 du Comité des Ministres aux États membres)

La base légale devant servir à prendre une décision étant ainsi rappelée, la CEDH devait donc déterminer si, en l'espèce, le fait d'avoir brûlé une photo des souverains était, ou non, un discours incitant à la haine. Si oui, aucune atteinte ne serait apportée à la liberté d'expression, ou du moins celle-ci serait considérée comme proportionnelle aux impératifs liés à la protection de l'image du chef de l'État. Si, par contre, la mise en scène reprochée aux deux militants n'était pas un discours incitant à la haine, la liberté d'expression devait l'emporter.

Après avoir estimé que la photo des souverains était bien un emblème de la fonction monarchique, la CEDH fit toutefois droit aux demandes des deux militants, en estimant que leur acte n'était PAS une incitation à la haine ou à la violence :

« La Cour est également d'avis que l'on ne peut pas non plus considérer que l'intention des requérants était d'inciter à la commission d'actes de violence contre la personne du Roi, et ce bien que la mise en scène eût abouti à brûler l'image du représentant de l'État /.../
Elle note qu'un acte de ce type doit être interprété comme l'expression symbolique d'une insatisfaction et d'une protestation. La mise en scène orchestrée par les requérants en l'espèce, bien qu'ayant abouti à brûler une image, est une forme d'expression d'une opinion dans le cadre d'un débat sur une question d'intérêt public, à savoir l'institution de la monarchie. La Cour rappelle dans ce contexte que la liberté d'expression vaut non seulement pour les "informations" ou "idées" accueillies avec faveur ou considérées comme inoffensives ou indifférentes, mais aussi pour celles qui heurtent, choquent ou inquiètent : ainsi le veulent le pluralisme, la tolérance et l'esprit d'ouverture sans lesquels il n'est pas de "société démocratique".
La cour n'est ainsi pas convaincue que, en l'espèce, dans son ensemble, l'acte susmentionné puisse raisonnablement être considéré comme une incitation à la haine ou à la violence. Elle estime que l'incitation à la violence ne peut pas être déduite d'un examen conjoint des éléments utilisés pour la mise en scène et du contexte dans lequel l'acte a eu lieu, et qu'elle ne peut pas non plus être établie sur la base des conséquences de l'acte qui, d'après les faits déclarés prouvés par le juge, n'a pas été accompagné de conduites violentes ni de troubles à l'ordre public. Les incidents qui auraient eu lieu quelques jours plus tard dans le cadre d'actes de protestation contre l'inculpation des deux requérants, auxquels le gouvernement se réfère, ne changent rien à cette conclusion. Ces incidents ne sauraient être interprétés comme la conséquence de la mise en scène organisée par les requérants mais comme une réaction à l'encontre de l'utilisation par l'État de la répression pénale. »

Dès lors, le recours des deux requérants est accueilli.

Que retenir de cette affaire ?

Si l'affaire concernait bien sûr le Royaume d'Espagne, l'enseignement de l'arrêt peut être transposé à bon nombre de droits nationaux.

La CEDH doit, en fonction des faits qui lui sont soumis, apprécier si ceux-ci ont eu pour but une incitation à la violence ou à la haine.

La CEDH rappelle à cet égard que la liberté d'expression n'a de sens que quand elle autorise aussi des discours qui ne plaisent pas à tous. S'il s'agissait de ne protéger que les propos consensuels, cette liberté fondamentale n'aurait en effet pas d'intérêt.

DIFFUSION D'IMAGES PRISES DANS DES LIEUX PRIVÉS DANS LE CADRE D'UNE ACTION MILITANTE ET PLAINTE DE L'EXPLOITANT DES LIEUX

Lorsque des images sont captées dans un lieu privé, il faut en principe l'accord du propriétaire des lieux pour les diffuser (ou de la personne qui se trouve sur la photo, le cas échéant). Mais encore faut-il, en cas de litige, invoquer le bon fondement ! Dans cette analyse, je mettrai en parallèle deux affaires tout à fait semblables, ayant mené à des résultats différents car les parties avaient adopté des argumentations différentes dans leurs assignations introductives en début de procédure.

Il existe une association de défense de la cause animale intitulée L214, qui fait souvent parler d'elle dans les médias, réalisant des opérations ou campagnes d'information « coup de poing » pour démontrer les mauvais traitements auxquels sont soumis les animaux dans les élevages.

Pour prouver ses affirmations, cette association utilise bien souvent des images captées (quelles que soient les conditions : caméras cachées ou intrusion non autorisée) dans les locaux où sont installés ces élevages. Bien entendu, ceci amène alors à des litiges qui se retrouvent ensuite devant les tribunaux.

Je vous parlerai donc à la fois d'un élevage de poules et d'un élevage de lapins (ce qui est suffisamment rare dans mes articles pour être souligné).

Affaire n°1 - Dénonciation des conditions dans un élevage de poules (TGI Châlon-sur-Saône, référés, 16/7/2013, RG 13/00227)

En 2013, sur base d'images captées dans l'élevage, l'association L214 mettait en demeure le propriétaire de cet établissement de « remédier dans les meilleurs délais aux non-conformités » constatées et dénoncées.

Le propriétaire de l'élevage, quant à lui, reprochait à l'association L214 de détenir ces images, et de les avoir, surtout, diffusées au sein d'un rapport d'enquête auprès des clients habituels de l'élevage, notamment de l'enseigne Carrefour.

L'éleveur introduisit une action en référés, sachant que l'association menaçait de diffuser les images également dans la presse et sur Internet. Devant le juge des référés, l'éleveur soutenait donc qu'il y avait une urgence particulière à ordonner la saisie des documents, obtenus frauduleusement. Il affirmait avoir déposé plainte, au pénal, pour "atteinte à la vie privée et violation de domicile", et relevait que seules les autorités officielles de contrôle, prévues par le Code rural, sont en mesure d'opérer des contrôles et de constater les infractions.

Pour sa défense, l'association L214 invoquait le fait que le droit à l'information l'autorisait à illustrer de façon pertinente le sujet d'intérêt général, et que rien ne justifiait qu'on saisisse les photographies et les séquences vidéo. En outre, elle soutenait que l'éleveur ne démontrait pas « l*a réalité des préjudices invoqués* ».

Ce faisant, elle contestait aussi « *s'être introduite de façon illicite dans les locaux* » de l'élevage concerné et précisait avoir reçu des photos montrant des cadavres de poules « *en état de décomposition avancée, au milieu de poules vivantes, et des poules fortement déplumées, à la crête tombante et peu colorée* ».
Enfin, elle estimait qu'il ne pouvait y avoir aucune « *atteinte à la vie privée* » puisque l'éleveur exerçait dans les lieux une activité professionnelle. La liberté d'expression l'autorisait donc, selon elle, à diffuser les informations qui, sinon, risquaient d'être « *vouées à l'oubli* ».

Face à cette argumentation, le juge des référés saisi à l'époque rendit une ordonnance en ces termes :

« Il ressort des débats que ces photographies et films pris clandestinement et sans que le propriétaire des lieux ait eu la possibilité de s'y opposer, alors qu'il ne s'agit pas d'une activité publique, étaient destinés à être diffusés en vue de dénoncer les conditions d'élevage des poules pondeuses et donc de mettre en cause la qualité de l'activité professionnelle de (l'éleveur).
Le fait d'utiliser ces documents obtenus frauduleusement dans le cadre d'une diffusion à destination de la clientèle (de l'éleveur) et le fait de menacer l'exploitant de les diffuser publiquement en vue de l'engagement de poursuites judiciaires sont constitutifs d'un trouble manifestement illicite qu'il appartient au

juge des référés de faire cesser en application de l'article 809 du Code de procédure civile.
Il sera ainsi fait interdiction à l'association L214 d'utiliser tous les supports photographiques ou vidéo en sa possession, en provenance de la (société de l'éleveur) sous peine d'astreinte de 3000 € par infraction constatée »
Il est toutefois regrettable que cette ordonnance n'ait pas été plus précise sur le fondement juridique utilisé. On y rappelle que les photos ont été prises clandestinement et qu'il s'agit d'un lieu privé, mais sans plus de précision.

Et au final, l'association L214 fut dans l'impossibilité de diffuser les photos.

Comme je l'indiquais à l'époque dans un article de mon blog, cela ne signifie pas, bien sûr, que les juges approuvent les méthodes d'élevage. Il s'agit uniquement d'une appréciation sur la façon d'utiliser une preuve acquise clandestinement, sans autre portée juridique.

Affaire n°2 - L'élevage de lapins (CA Rennes, 12/12/2017, RG 17/01324)

La seconde affaire, plus récente, concernait cette fois un élevage de lapins. À nouveau les faits sont comparables : des photos sont prises dans l'élevage (sans l'accord de l'éleveur bien sûr) puis sont diffusées sur le site de l'association et accompagnaient une pétition lancée par l'association. L'éleveuse avait alors, elle aussi, assigné en référés, et avait obtenu gain de cause en première instance une ordonnance interdisant à l'association d'utiliser les images.

L'association L214 fit donc appel de l'ordonnance rendue et un premier arrêt rendu en 2015 par la Cour d'appel de Rennes (CA 16/6/2015, RG inconnu) avait annulé l'assignation lancée par l'éleveuse, en considérant que celle-ci invoquait en réalité des faits qualifiés de diffamation, alors qu'elle n'avait pas respecté les contraintes de procédure imposées par la loi de 1881 servant de fondement aux actions en diffamation (notamment l'obligation de notifier l'assignation au Procureur de la République).

Ensuite, l'association semble avoir lancé une seconde procédure (l'arrêt n'est pas très explicite sur l'enchaînement des deux actions), cette fois au fond. En première instance, le juge de la mise en état a écarté cette loi de 1881, estimant qu'elle n'était pas applicable, seul l'article 1382 (ancienne numérotation) du Code civil, c'est-à-dire la responsabilité extracontractuelle trouvant à s'appliquer, la juridiction devant simplement évaluer l'affaire au regard des règles sur le droit à l'image et la violation de la vie privée et du domicile, sans aborder la question de la diffamation. Un appel fut de nouveau interjeté, mais cette fois par l'association L214.

Sur le fond, la Cour d'appel saisie relève que les photos n'ont pu être prises que lors d'une intrusion illégale dans les bâtiments.

Elle se penche ensuite sur la formulation de l'assignation introductive d'instance :

« Il ressort des termes de cette assignation, d'ailleurs reprenant en cela ceux de l'assignation en référés annulée (en 2015), que, indépendamment du fait que seules étaient invoquées à son dispositif les dispositions des articles 1382 et suivants (anciens) du Code civil, étaient visés à ses motifs aussi bien la violation de domicile et la voie de fait au moyen desquelles avaient été obtenues les images diffusées par l'association L214, que la diffamation et la violation du droit de celle-ci de se défendre contre toute accusation diffusée publiquement.
Il est ainsi acquis que, dans l'instance au fond comme elle l'avait fait devant le juge des référés, (l'éleveuse) reproche à l'association L214 d'avoir non seulement obtenu mais aussi diffusé des images prises dans son élevage de lapins afin de rendre publiques des allégations ou imputations de faits de nature à porter atteinte à son honneur ou à sa considération.
Et il doit être considéré que l'intrusion de l'association L214 dans la propriété privée de (l'éleveuse) n'avait d'autre fin que d'assurer une information, fondée ou non, du public sur les conditions d'élevage des animaux, de sorte que le grief fait à l'association du caractère illicite de l'obtention de ces images est indissociable de celui relatif à leur diffusion accompagnée d'allégations nominatives et éventuellement mensongères, lequel est à l'évidence le support essentiel de la demande indemnitaire formée par (l'éleveuse) devant le tribunal.
Ainsi, il est constant que l'action engagée par (l'éleveuse) relève des dispositions de la loi du 29 juillet 1881 sur la liberté de la presse, dont l'objet est de protéger la liberté d'information et d'expression et les abus de cette liberté prévus et réprimés par cette loi ne peuvent être réparés sur le fondement de l'article 1382 (devenu 1240) du Code civil.
Or, il l'est également que l'assignation litigieuse, qui n'indique pas le texte applicable à la poursuite et mêle diverses incriminations de nature et de portées diverses, ne répond pas aux exigences de l'article 53 de ladite loi de sorte qu'il convient /…/ d'annuler l'assignation. »

En d'autres termes, cette fois la situation était différence de celle de l'élevage de poules. Ici, l'assignation introduite d'abord en référés puis ensuite au fond (d'après ce qu'on peut déduire des mentions un peu obscures de l'arrêt) argumentait, entre autres, sur des faits de nature à porter atteinte à l'honneur et à la considération de l'éleveuse.

Et dès lors, les demandes ne pouvaient pas être fondées sur le Code civil, et ne pouvaient l'être que sur la loi de 1881 sur la liberté de la presse, qui impose une rigueur plus importante dans l'articulation des griefs invoqués. Le fondement choisi n'étant pas correct, la Cour d'appel annule l'assignation lancée par l'éleveuse dans cette seconde procédure.

Que retenir au final ?

Une fois encore, les juges ne préfèrent pas les lapins aux poules… Mais par contre, les maladresses de rédaction de l'assignation de l'éleveuse de lapins ont contraint la Cour d'appel à considérer qu'elle recherchait en réalité à pouvoir se défendre publiquement d'accusations portées contre elles, ce qui revenait à qualifier la demande d'action en diffamation. Or, cette action est régie par la loi de 1881 sur la liberté de la presse, qui impose une certaine rigueur procédurale.

Et à défaut pour l'éleveuse des lapins d'avoir respecté les contraintes procédurales, l'assignation fut déclarée nulle, et telle sorte qu'il ne fut ensuite pas nécessaire d'examiner la question de l'intrusion illégale dans les locaux de l'élevage.

Et c'est ainsi que, sur base de faits totalement identiques, une action aboutit alors que l'autre échoue…

CQFD…

ACTION MILITANTE ET DROIT D'AUTEUR

Lorsqu'une association militante, quelle que soit la cause défendue, parodie une photo ou une vidéo préexistante pour faire passer son message, peut-il y avoir contrefaçon ? J'analyse ici la procédure qui s'est déroulée en référés. Je n'ai pour l'instant pas trouvé trace d'une éventuelle décision rendue au fond, mais la procédure est peut-être en cours.

Les faits

En 2018, une association professionnelle agricole ayant pour objet d'assurer « l*a défense et la promotion du foie gras* » faisait réaliser par une agence de communication un film publicitaire de 15 secondes dans un but de promotion du foie gras de façon générale. Le film fut diffusé pendant 3 semaines environ (juste avant Noël) sur les chaînes françaises de télévision ainsi que sur les réseaux sociaux.

Il montrait plusieurs scènes dans lesquelles des personnes « *partagent et dégustent du foie gras ou cuisinent un plat à partir de ce produit dans une ambiance festive et conviviale* ». La publicité s'achevait par le slogan suivant : « *Le foie gras, exceptionnel à chaque fois* » et la traditionnelle mention « *Pour votre santé, mangez 5 fruits et légumes par jour* ».

Peu après, en pleine période de fêtes de fin d'année, la désormais célèbre association L214, qui lutte pour « une meilleure prise en compte des intérêts des animaux » (extrait des statuts de cette association) diffusait un film qui reprenait en partie la publicité « officielle » de l'association professionnelle.
Le film diffusé par l'association L214 pouvait se décrire de la façon suivante :

- Pendant 6 secondes, le film reprenait - sans les modifier - les 6 premières secondes du clip « officiel ».
- L'image se figeait ensuite et apparaissait la question : « Ça vous donne envie ? ».
- Puis apparaissait un autre plan fixe sur la phrase « Revenons en arrière ».

- À partir de la 9ème seconde et jusqu'à la 17ème seconde du film, se succédaient diverses scènes de gavage de canards et de sélection des canards destinés « à être broyés » (formulation contenue dans l'arrêt).
- Ensuite, le slogan d'origine « Le foie gras, exceptionnel à chaque fois » s'affichait, accompagné cette fois de la mention « Pour la santé des canards, évitez de manger du foie gras » et l'URL d'un site (https://stop-foie-gras.com/).
- Ensuite un nouvel écran apparaissait avec, cette fois, le slogan détourné : « Le foie gras, exceptionnellement cruel à chaque fois » puis une flèche pointant vers une mention en bas d'écran : « La pub en faveur du foie gras est payée par vos impôts ».
- Enfin, un dernier écran montrait la phrase « Ne nous laissons pas avoir par la publicité ».

À partir de là, un litige survint.

L'association professionnelle des producteurs de foie gras introduisit une procédure en référés.

La procédure

Ordonnance de référés (TGI Paris, référés, 6/2/2019, RG 19/50818)

Je précise que je n'ai pas trouvé de copie de cette ordonnance. Je n'en donne donc que les éléments qui peuvent être déduits de façon certaine grâce à l'arrêt qui a suivi.
Devant le juge des référés, l'association professionnelle des producteurs de foie gras demandait :

- L'interdiction du film « *Ça vous donne envie ?* » diffusé par L214.
- Des mesures de publication de l'ordonnance à intervenir.
- Et une condamnation sur pied de l'article 700 du Code de procédure civile.

Elle soutenait « qu'en défigurant son film pour véhiculer ses opinions, l'association L214 a utilisé des moyens manifestement disproportionnés, abusé de la liberté d'expression et porté gravement atteinte aux droits du (syndicat professionnel) sur son film en profitant indûment des investissements importants engagés pour sa réalisation et sa diffusion ».

À ce stade, il était donc surtout question de parasitisme économique, même si le terme ne semble pas avoir été utilisé (du moins dans le récit qu'en fait l'arrêt). Le reproche était lié à l'utilisation d'une partie du fruit des investissements financiers, l'association des producteurs ayant démontré que le coût total de l'opération (réalisation et diffusion) s'était monté à pas moins de 1.192.779, 80 €, dont une partie financée par un organisme public (d'où la mention en fin de la vidéo de L214 sur le fait que la publicité était « *financée par nos impôts* »).

Le juge des référés fit droit aux demandes de l'association des producteurs :

- L214 ne pouvait plus diffuser la vidéo litigieuse, sous peine d'astreinte de 200 €/jour d'infraction constatée, et ce sur quelque support que ce soit.
- Il semble que le juge des référés ait lui-même fait état d'une possible atteinte aux droits d'auteur, ce qui aurait soufflé un argument de plus à l'association des producteurs, comme nous le verrons en degré d'appel (ci-dessous).
- L'association L214 fut aussi condamnée à payer une somme de 2.000 € (Art. 700 CPC).

Le juge des référés considérait donc qu'il existait un « trouble manifestement illicite » lié à l'utilisation d'une partie du film d'origine dans la vidéo diffusée par l'association L214, alors qu'elle n'en avait pas financé la réalisation. L'ordonnance était donc, elle aussi, basée essentiellement sur le parasitisme économique et non sur le droit d'auteur.

L'association L214 fit alors appel de l'ordonnance.

L'arrêt (CA Paris, 13/3/2020, RG 19/04127 - appel de référés)

La Cour d'appel, chargée de se prononcer sur les demandes formées en référés, ne pouvait donc pas - pas plus que le premier juge - trancher le fond du litige. Il s'agissait pour elle uniquement de vérifier si la diffusion du film de l'association L214 constituait, ou non, un « *trouble manifestement illicite* » justifiant que cette diffusion soit interdite sans attendre le jugement au fond.

En degré d'appel, soudain, l'association des professionnels du foie gras invoquait aussi « *une atteinte à son droit d'auteur* » sur le film, en plus de la faute consistant à l'utilisation de celui-ci alors que L214 n'avait pas participé à son financement. Elle soutenait qu'il y avait eu un abus dans l'exercice, par L214, de sa liberté d'expression et donc à la fois une contrefaçon et un profit indu des investissements engagés pour la réalisation et la diffusion du film.

La Cour d'appel va commencer par rappeler le contenu de l'article 10 de la Convention européenne des droits de l'Homme, qui consacre la liberté d'expression, et dont la formulation est la suivante :

« 1 - Toute personne a droit à la liberté d'expression. Ce droit comprend la liberté d'opinion et la liberté de recevoir ou de communiquer des informations ou des idées sans qu'il puisse y avoir ingérence d'autorités publiques et sans considération de frontière. Le présent article n'empêche pas les États de soumettre les entreprises de radiodiffusion, de cinéma ou de télévision à un régime d'autorisations.
2 - L'exercice de ces libertés comportant des devoirs et des responsabilités peut être soumis à certaines formalités, conditions, restrictions ou sanctions prévues par la loi, qui constituent des mesures nécessaires, dans une société démocratique, à la sécurité nationale, à l'intégrité territoriale ou ou à la sûreté publique, à la défense de l'ordre et à la prévention du crime, à la protection de la santé ou de la morale, à la protection de la réputation ou des droits d'autrui, pour empêcher la divulgation d'informations confidentielles ou pour garantir l'autorité et l'impartialité du pouvoir judiciaire. » (Art. 10 Convention européenne des Droits de l'Homme)

La Cour va alors examiner s'il serait proportionné, dans le cas d'espèce, de limiter la liberté d'expression de l'association L214 en raison des droits invoqués par l'association des producteurs de foie gras, sur l'un des deux fondements suivants.

- **Soit en raison d'une éventuelle atteinte aux intérêts économiques directement liés à la réalisation et à la diffusion de la vidéo.**

À ce sujet, la Cour d'appel va rappeler la structure de la vidéo diffusée par L214 et en tirer des conclusions.

Les juges motivent l'arrêt de la façon suivante :

« La Cour constate qu'une césure est clairement faite entre les 6 premières secondes du film qui sont la reprise à l'identique de la publicité objet de la critique et la suite du film qui interroge le spectateur et remonte le temps pour lui présenter la souffrance animale qu'elle considère à l'origine du produit vanté. La reprise ensuite de l'image finale permet de parodier le slogan « Le foie gras, exceptionnel à chaque fois » et le bandeau « pour votre santé, mangez au moins cinq fruits et légumes » et d'attirer l'attention sur le financement (public) dénoncé comme provenant de « nos impôts ». La Cour observe que la seule atteinte à des investissements financiers ne peut à elle seule justifier en l'espèce une restriction de la liberté d'expression s'agissant d'une dénonciation de ce film publicitaire. »

Sur ce point, les demandes de l'association des producteurs sont donc rejetées, et l'ordonnance est infirmée.

- ***Soit en raison d'une éventuelle atteinte aux droits d'auteur ?***

À ce sujet, la Cour va tout d'abord rappeler que, dans la mise en balance des intérêts contradictoires, le respect des droits d'auteur peut en principe constituer un motif légitime de restriction de la liberté d'expression. Mais était-ce le cas en l'espèce ?

« La mise en œuvre du droit d'auteur est une restriction prévue par la loi, qui poursuit un intérêt légitime et la juridiction saisie doit examiner si elle constitue une atteinte disproportionnée à la liberté d'expression. Il revient au juge de rechercher un juste équilibre entre les droits en présence, la liberté d'expression et le droit d'auteur.
La Cour observe que si à la suite de l'ordonnance de référés dont appel, (l'association des producteurs) mentionne « une atteinte portée à son droit d'auteur », (elle) n'en fait pas état lors de son assignation introductive d'instance, se contentant de faire état du produit indu de ses investissements et ne vise dans ses conclusions aucun fondement juridique justifiant à son profit de la protection d'un droit d'auteur.
De plus, à supposer démontrées l'existence et la titularité du droit d'auteur sur le film, la contrefaçon ne pourrait être retenue qu'à la condition que soit écartée l'exception de parodie prévue à l'article L122-5-4° du Code de la propriété intellectuelle et soulevée par l'association L214 qui prévoit que l'auteur ne peut interdire « la parodie, le pastiche et la caricature, compte tenu des lois du genre ».
C'est ainsi qu'à tort, le juge des référés a retenu une atteinte incontestable au

droit d'auteur et jugé qu'il importe peu que l'association L214 ait voulu parodier le film (d'origine).
Le trouble manifestement illicite exigé (pour une action en référés) désigne toute perturbation résultant d'un fait matériel ou juridique qui, directement ou indirectement constitue une violation évidente de la règle de droit et le dommage imminent s'entend de celui qui n'est pas encore réalisé mais qui se produira sûrement si la situation dénoncée perdure.
Or en l'espèce il n'est justifié avec l'évidence requise en référés ni d'une violation d'un droit ni d'un dommage imminent caractérisant un besoin social impérieux de porter atteinte à la liberté d'expression de l'association L214 dont l'activité porte sur la question du bien-être animal.
La Cour, au vu de l'ensemble de ces éléments, estime que c'est à tort que le premier juge a interdit la diffusion du film de l'association L214 en estimant qu'il constituait un trouble manifestement illicite.
Une telle mesure d'interdiction ne pourra pas non plus être prononcée sur le fondement de l'article 808 du Code de procédure civile dès lors que cette demande se heurte à une contestation sérieuse.
L'ordonnance sera dès lors infirmée en toutes ses dispositions et les demandes présentées /…/ intégralement rejetées. »

Une suite au fond ?

J'ignore si c'est le cas, mais il est bien possible que cette affaire ne soit pas terminée.
En effet, même s'il n'y a pas de « trouble manifestement illégal », il se pourrait que les parties n'aient pas fini d'en découdre.

Affaire à suivre, j'ouvrirai l'œil pour parler des éventuelles futures décisions.

Que retenir de cette affaire à ce stade ?

Traduisons donc en langage plus courant la décision de la Cour d'appel à ce stade.

Les magistrats ne se prononcent pas sur le fond, ils ne sont pas là pour ça : il s'agit d'un appel de référés. Vous avez bien compris, à la lecture de ce qui précède, qu'une interdiction de diffusion n'était donc pas possible, essentiellement parce que :

- Les juges n'étaient pas compétents pour se prononcer sur l'existence éventuelle d'un droit d'auteur, argument d'ailleurs invoqué de façon tardive par l'association des producteurs.

- L'argument tiré des intérêts économiques n'était pas, aux yeux des juges, un motif suffisant pour brider la liberté d'expression.

Que pourrait-il se passer devant le juge du fond, SI l'association des producteurs saisit le Tribunal judiciaire (nouvelle appellation de l'ex-TGI) ?

- Pour démontrer une atteinte au droit d'auteur il faudra d'abord que l'association des producteurs démontre l'originalité du film publicitaire. Sur ce point, il n'y a pas de difficulté à mon sens. Elle devra ensuite démontrer qu'elle est, elle-même, titulaire à tout le moins des droits patrimoniaux au moment où elle assigne. Or, si la cession de droits par le réalisateur du film n'a été faite que pour une durée déterminée, il faudra que cette durée ne soit pas expirée au moment où la procédure est lancée.

- En réponse, si l'association L214 invoque l'exception dite « de parodie », il faudra qu'elle démontre de son côté que les conditions d'application de cette exception sont réunies. À ce niveau, rien ne me semble acquis… En effet, la jurisprudence considère généralement que l'exception de parodie doit avoir une finalité humoristique.

  De manière générale, l'exception de parodie, pour être admise comme telle, doit remplir deux conditions :

  - Être réalisée à des fins humoristiques,
  - Ne pas risquer d'entraîner une confusion dans l'esprit du public.

  La seconde condition ne devrait pas poser trop de difficulté (même si ce sont bien 6 secondes du film d'origine qui sont reprises dans le film diffusé par L214, il n'y a pas de confusion possible sur le caractère militant de la seconde vidéo).

  Par contre, j'ai de sérieux doute quant à la première condition. L'aspect humoristique est loin d'être évident. Pour être complète, notons toutefois qu'il est arrivé assez récemment que l'exception de parodie soit retenue sur un sujet grave et non-humoristique (Cass.civ. 22/5/2019, n°18-12718), mais cet arrêt fut dès sa publication critiqué par la doctrine justement en raison du défaut de caractère humoristique. Et il est encore trop tôt pour savoir s'il s'agit d'un élargissement du champ d'application de l'exception de parodie, ou d'une décision isolée...

Dans l'immédiat, rien ne justifiait donc que le juge des référés interdise la diffusion de la vidéo de l'association L214.

Au jour où j'insère cet article dans l'ouvrage que vous tenez entre les mains, je ne suis pas parvenue à trouver trace d'une décision rendue au fond. Cela peut signifier soit qu'aucune procédure n'a été lancée au fond, soit que la procédure est toujours en cours, soit enfin que cette décision n'a pas été publiée. J'ouvrirai l'œil...

DES VOLAILLES DESTINÉES À FINIR EN NUGGETS : UNE AUTRE ACTION MILITANTE

Voici une autre décision rendue dans un registre très semblable aux affaires évoquées dans les pages précédentes. La question est toujours identique : peut-on filmer à l'intérieur d'une propriété privée pour faire passer un message militant, en dépit des règles ordinaires relatives au respect de la vie privée et/ou à l'intrusion dans une propriété qui ne nous appartient pas ?

Les faits

Une société (appelons-la "A") a pour activité l'élevage de volaille, et fournit notamment la chaîne de fast food Mc Donald's en viande de poulet, pour la fabrication de nuggets.

Désireuse de communiquer sur le souci de garantir le bien-être animal, cette même chaîne de fast food avait, en 2018 et 2019, diffusé une publicité télévisée vantant la mise en oeuvre de nombreuses initiatives allant en ce sens. Il me semble, vu la description, qu'il doit s'agir (peut-être pas exclusivement) de cette vidéo accessible sous le titre « *Publicité 2018 - McDonald's - Parlons peu, parlons poulet* » sur Youtube : https://urlz.fr/l1s6.

L'un des plans de la vidéo se présentait comme ceci, montrant des poulets en plein air, ce que l'association considérait apparemment comme une affirmation mensongère.

En 2019, des représentants d'une association de lanceurs d'alerte, accompagnés de l'équipe d'un média alternatif, s'étaient aventurés dans les locaux de la société A dont les portes n'étaient pas fermées. Une fois sur place, ils avaient tourné des images, puis monté une vidéo de 5 minutes produite par le média alternatif présent uniquement sur Internet.

Ceci n'a bien sûr pas plu au dirigeant de la société A, qui fit d'abord établir un constat d'huissier pour démontrer la diffusion de la vidéo. Il lança ensuite une procédure devant le juge des référés, estimant qu'il y avait eu :

- Violation de domicile
- Atteinte au droit de propriété
- Non-respect de la réglementation sanitaire.

Il demandait au juge, dans l'urgence propre aux procédures de référés, d'ordonner la saisie des photos et vidéos réalisées à la demande de l'association, et d'interdire toute nouvelle diffusion des images sous peine d'astreinte de 50.000 € par infraction constatée, ainsi qu'une publication judiciaire de l'ordonnance à intervenir. La société A ajoutait à cela une demande de provision d'un euro sur un préjudice à estimer ultérieurement. Les demandes étaient dirigées tant contre l'association que contre la société de production qui avait réalisé les images

En première instance (TGI St Malo, réf., 25/6/2020, RG non mentionné), après avoir joint les deux procédures lancées au départ de façon séparée, le juge des référés a :

- Ordonné le retrait de la vidéo publiée sur le site de l'association ainsi que sur l'ensemble de ses comptes sur les réseaux sociaux.
- Autorisé la saisie de l'ensemble des images dans les locaux de la société de production qui les détenait ou dans ceux de l'association et en tous lieux.
- Interdit toute nouvelle utilisation des images par « toute personne » sous peine d'astreinte, réduite toutefois à 5.000 € par infraction constatée.
- Condamné les deux parties poursuivies au paiement de la provision d'un euro sur un dommage à estimer ultérieurement.

L'association et la société de production firent appel du jugement.

L'arrêt (CA Rennes, 14/12/2021, RG 20/03118)

Je vous fais grâce des arguments de procédure relatifs à la jonction des affaires, à la recevabilité des demandes, etc. pour me concentrer sur le fond, à savoir tout d'abord l'existence (ou non) d'un « trouble manifestement illicite » permettant au juge des référés et à la Cour d'appel statuant, elle aussi, dans « l'urgence » (même un an ½ plus tard !) d'y mettre éventuellement fin.

L'association et la société de production, tout en reconnaissant s'être introduites dans la propriété de la société A, plaidaient qu'il n'y avait pas de trouble manifestement illicite pour les raisons suivantes :

- Il n'y avait eu ni effraction ni dégradation.
- L'intrusion (et donc l'atteinte au droit de propriété) avait cessé dès la fin de la capture des images.
- Il ne peut y avoir d'atteinte à la « vie privée » pour une personne morale (ici, donc, la société A).
- Le propriétaire d'une chose ne dispose pas d'un droit exclusif sur l'image de celle-ci, selon la jurisprudence bien établie à présent (ce que je confirme aussi - voir notamment la jurisprudence célèbre de la Cour de Cassation en 2004, souvent évoquée dans mes articles). Il aurait donc fallu, toujours à suivre les parties condamnées, que la société A démontre avoir subi un « trouble anormal », ce qui ne pouvait pas être le cas puisque les locaux n'étaient ni identifiés ni identifiables, et qu'elle n'avait pas fait l'objet, elle-même, d'actes de dénigrement.
- Le juge des référés, statuant au civil, n'a pas compétence pour se prononcer sur la caractérisation d'une violation de domicile, qui est une infraction pénale dont les éléments constitutifs n'étaient au surplus pas réunis, à défaut précisément d'effraction.
- Ensuite, le fait que la réglementation sanitaire ne s'impose qu'à l'éleveur et à ses salariés (donc la société A, ici, et son personnel), et les deux parties poursuivies n'y étaient donc en aucune façon soumises.
- Enfin, les parties condamnées soutenaient que leur liberté d'expression, en tant que lanceuses d'alerte, devait l'emporter d'autant qu'aucun propos diffamatoire ou injurieux n'avait été proféré contre la société A. Dès lors, les moyens employés pour capter les images étaient nécessaires et proportionnés à la finalité de l'alerte qu'ils souhaitaient lancer.

Notons que le problème, dans ce cas précis, ne découlait pas d'un irrespect des réglementations par la société A mais surtout du fait que, tout en étant respectées, les règles sanitaires n'offraient pas - aux yeux de l'association - des conditions de vie garantissant réellement un « bien-être » pour les animaux, ce dont elle souhaitait alerter les consommateurs. En d'autres termes, l'action était surtout orientée vers l'insuffisance des réglementations elles-mêmes et non vers les éventuelles carences de la société A.

Ceci étant posé, les magistrats examinèrent la configuration des lieux, pour déterminer de quelle manière les visiteurs non autorisés s'étaient introduits dans l'exploitation, via un sas accédant ensuite au bâtiment d'élevage proprement dit. La Cour d'appel va ensuite se pencher sur la question de la « vie privée » pour les locaux d'une personne morale :

« La jurisprudence a défini de longue date le domicile comme étant le lieu où, toute personne, qu'elle y habite ou non, a le droit de se dire chez elle, quels que soient le titre juridique de son occupation et l'affectation donnée aux locaux. Il est admis que le siège d'une personne morale peut constituer un domicile. À ce titre, une exploitation agricole a le droit à la protection de son domicile. Par ailleurs, le droit de propriété se définit comme un droit inviolable et sacré, nul ne pouvant en être privé (article 7 de la déclaration des droits de l'homme et du citoyen de 1789) et comme le droit de jouir et de disposer des choses de la manière la plus absolue (article 544 du code civil). »

Ayant ainsi considéré qu'une société, personne morale, pouvait invoquer le respect du droit à la vie privée, la Cour d'appel se penche ensuite sur les conditions dans lesquelles les deux parties poursuivies s'étaient introduites dans l'exploitation.

À ce sujet, les magistrats soulignent que :

- L'entrée était clairement interdite au public (ce que rappelait un panneau indiquant en outre que le bâtiment était « sous protection sanitaire »), ce qui constituait manifestement une atteinte à la propriété de la société A.
- La réglementation sanitaire était bien imposable à toute personne pénétrant dans les lieux, de telle sorte que les intrus avaient « *fait courir un risque grave non seulement à l'élevage*

mais à la filière dans son ensemble » et exposaient en outre l'exploitant à d'éventuelles sanctions administratives.

Cela étant fait, la Cour d'appel de Rennes poursuit dans les termes suivants :

« La vidéo litigieuse n'a pu être obtenue que par la commission d'une voie de fait de sorte que sa détention et sa diffusion constituent en elles-mêmes un trouble manifestement illicite.
Si la captation de l'image d'un bien perceptible par le public en dehors de toute manoeuvre ne constitue une atteinte au droit de propriété que lorsqu'elle occasionne un préjudice, tel n'est pas le cas de photographies ou films pris frauduleusement à l'insu du propriétaire et contre sa volonté, dans des lieux clos dont l'accès est interdit à toute personne non autorisée.
La prise, la conservation et la diffusion d'images ainsi obtenues frauduleusement constituent une atteinte manifeste aux prérogatives du propriétaire des lieux, ce qui autorise celui-ci, non seulement à s'opposer à la pénétration dans son bien, mais encore à interdire la divulgation d'images non librement accessibles au public, a fortiori lorsqu'elles sont destinées, comme en l'espèce, à susciter de manière plus ou moins objective, l'indignation de l'opinion public sur l'activité exercée dans les locaux illicitement filmés et à mettre ainsi en péril la jouissance paisible du propriétaire et de l'occupant. De fait, il importe peu que l'éleveur et l'exploitation ne soient pas identifiables, dès lors que la vidéo les stigmatise du fait de l'activité d'élevage intensif qu'ils exercent.
Si la liberté d'information est invoquée, aucune circonstance ne justifie qu'elle soit opposée au droit de propriété de l'exploitant. En tout état de cause, (les parties poursuivies) ne justifient pas que l'intrusion illicite sur la propriété d'autrui était nécessaire et proportionnée au but recherché. (L'association) justifie sa pratique d'intrusion clandestine par le fait que les « éleveurs n'ouvrent jamais spontanément et sans préparation les portes des élevages aux journalistes et aux associations protectrices des animaux ». La Cour observe toutefois que dans la pièce n°2 produite par l'association /…/, le journaliste de /…/ indique que l'éleveur a accepté de le recevoir de façon anonyme et de réagir au voisinage des images, ce dont il se déduit que tous les éleveurs ne sont pas nécessairement opposés à l'information du public quant aux conditions d'élevage intensif et par principe hostiles à la réalisation d'un reportage dans leurs installations, d'autant que l'association /…/ insiste sur le fait que les élevages filmés sont toujours en règle au regard des normes en vigueur et que les éleveurs seraient également victimes de l'industrie agro-alimentaire. Enfin, l'association /…/ et la (société de production) ne démontrent pas avoir sollicité et s'être vus refuser par un juge une autorisation, sur requête, de pénétrer dans un élevage. »

Sur cette base, les magistrats confirmèrent en partie la première ordonnance, en décidant :

- Qu'il y avait bien un trouble illicite, comme indiqué plus haut, ce qui justifiait d'ordonner le retrait de la vidéo.

- Qu'il était également justifié d'ordonner la publication de la décision rendue.
- Qu'il y avait lieu de confirmer l'interdiction de toute nouvelle utilisation de la vidéo, mais en précisant la mesure puisque seules les deux parties poursuivies pouvaient être concernées par cette interdiction, et non « toute personne », comme cela avait été formulé dans l'ordonnance dont appel.
- Qu'il y a bien lieu de condamner à un montant provisionnel de 1 € dans l'attente de chiffrer le préjudice subi par la société A.

Par contre, certaines dispositions de la première ordonnance ne sont PAS confirmées. Les magistrats, en appel, estiment en effet qu'il n'y avait PAS lieu d'ordonner la saisie des supports contenant les photos et vidéos dans les locaux des deux parties poursuivies.

Que retenir de cette affaire ?

Les deux enseignements principaux de cet arrêt sont les suivants :

- Tout d'abord, la confirmation qu'une personne morale (ici une société commerciale) <u>peut</u> invoquer une atteinte à sa « vie privée » en cas d'intrusion dans les locaux qu'elle occupe.
- D'autre part, même pour une cause équitable (ici la défense du bien-être animal), pénétrer dans une propriété et y capter des images n'est pas autorisé sans y être invité.

En cela, l'arrêt est conforme aux jurisprudences préexistantes, rendues dans des circonstances similaires.

Cela ne signifie pas, bien sûr, que les magistrats défendent les conditions d'élevage des volailles, mais simplement qu'entre deux normes en conflit (la liberté d'expression d'une part, et le droit au respect de la vie privée et au respect de la propriété d'autre part), il faut, dans chaque cas d'espèce, déterminer celui des droits qui doit l'emporter.

La vie d'alerteur et de militant n'est pas un long fleuve tranquille…

PROTECTION ANIMALE, SUITE - ET SOUDAIN UNE ÉCLAIRCIE ?

Dans l'affaire dont il est question ici, toujours en matière de protection animale, une décision a été rendue dans un sens plus favorable à l'association L214. Dans cette nouvelle affaire, la Cour de Cassation a forcé les juges du fond à revoir leur copie pour argumenter plus en détails, conformément à ce qu'impose la jurisprudence de la Cour européenne des Droits de l'Homme.

Les faits

Cette procédure concernait, semble-t-il, le même élevage de lapins que celui évoqué dans l'une des analyses précédentes, mais fut lancée à l'occasion de la publication d'une autre vidéo par l'association L214.

L'association L214 avait diffusé sur son site Internet ainsi que sur les réseaux sociaux, en septembre 2020 une autre vidéo filmée à l'intérieur du bâtiment d'élevage un mois plus tôt, sous le titre « Nouvelle enquête dans un élevage de lapins en cage ». À cette vidéo était jointe une photo aérienne de l'élevage dans lequel 40.000 lapins étaient élevés. Comme dans la première affaire opposant les mêmes parties, l'association L214 ne soutenait pas que l'éleveur avait violé les dispositions légales, mais contestait le bien fondé de ces dispositions en montrant dans les vidéos que même lorsque les réglementations étaient respectées, les conditions d'élevage restaient inadmissibles. En d'autres termes, et à suivre L214, le combat était mené de façon plus globale, dans le but d'aboutir à une modification des réglementations.

L'élevage invoqua une nouvelle fois un trouble manifestement illicite constitué par la violation de son droit de propriété, ainsi que l'irrespect des prescriptions réglementaires en matière de protection sanitaire des bâtiments d'élevage. L'action de l'élevage fut toutefois déclarée irrecevable et la société fut condamnée en première instance, du fait de cette annulation de sa procédure à payer une somme de 5.000 € à l'association L214.

Cette annulation s'explique de la façon suivante : l'association L214 a invoqué la loi sur la liberté de la presse de 1881. Cette loi - comme je l'explique régulièrement - prévoit en effet que lorsqu'une action a pour objet de faire reconnaître l'existence d'une diffamation (qui se définit comme une atteinte injustifiée à l'honneur ou à la réputation), il faut respecter une contrainte procédurale particulière. La loi de 1881 impose en effet que toute action en diffamation soit également notifiée au Ministère public (Art. 53 de la loi de 1881). Il est donc fréquent qu'attaquée sur la base d'une violation du droit à l'image, une partie qui s'estime préjudiciée se voie répondre qu'il s'agit en réalité d'une action en diffamation, et que dès lors il aurait fallu respecter cette contrainte procédurale particulière dont l'irrespect entraîne, précisément, la nullité de la procédure.

Elle fit appel de cette ordonnance, et c'est à ce stade qu'intervient le premier des deux arrêts commentés ci-dessous. Cet arrêt fut à son tour suivi d'une décision récente de la Cour de Cassation, que j'analyse dans un second temps.

L'arrêt de la Cour d'appel (CA Rennes, 20/11/2021, RG 21/00955)

Devant la Cour d'appel, la société exploitant l'élevage persistait dans son argumentation en soutenant qu'elle réclamait bien la réparation de l'atteinte découlant de la violation de son droit de propriété, et qu'il n'y avait donc pas lieu de requalifier l'action et d'appliquer les dispositions procédurales de la loi de 1881.
Elle demandait à la Cour d'appel, non seulement la réformation de l'ordonnance rendue, mais aussi :

- Que soit ordonné le retrait de la vidéo litigieuse sur l'ensemble des supports en ligne.
- Que soit interdite toute nouvelle diffusion de la vidéo, par quelque moyen que ce soit
- Que cette interdiction soit aussi notifiée aux hébergeurs des sites concernés.
- Qu'il soit interdit « à toute autre personne l'utilisation et la diffusion de ces photographies et de la vidéo sous peine d'une astreinte financière de 50.000 € par infraction constatée. »
- Que l'association L214 soit condamnée à publier l'arrêt à venir en première page de son site Internet.
- Que cette association soit condamnée au paiement d'une provision d'1 € sur un préjudice à définir ensuite devant le juge du fond.

- Et, enfin, que L214 soit aussi condamnée au paiement de 5.000 € sur le fondement de l'article 700 du Code de procédure civile.

En réponse, L214 demandait la confirmation de l'ordonnance rendue, et à titre subsidiaire soutenait qu'il n'y avait eu aucun « trouble manifestement illicite »

La Cour d'appel devait donc se pencher, dans un premier temps, sur la question de la recevabilité de l'action : s'agissait-il réellement d'une demande fondée sur la violation de la propriété privée de l'éleveur ou, au contraire, s'agissait-il d'une action en diffamation mal introduite puisque précisément, selon la jurisprudence, « *les abus de la liberté d'expression prévus et réprimés par la loi du 29 juillet 1881 ne peuvent être réparés sur le fondement de l'article 1240 (ex-1382) du Code civil* », fondement de la responsabilité civile extracontractuelle mais doivent, impérativement, être attaqués sur base de cette loi de 1881 ?

Le juge doit donc toujours examiner, dans l'acte introduction de procédure, quels sont les reproches précis formulés par la partie demanderesse, ce que fait ici la Cour d'appel saisie :

« Cependant, l'assignation introductive d'instance ne mentionne pas l'existence d'allégations ou d'imputation de faits de nature à porter atteinte à l'honneur ou à la considération d'une personne ou d'un corps, et n'y fait pas référence de sorte qu'aucune interprétation de son contenu ou de son objet ne sont nécessaires. (L'éleveur) a en effet fondé son action exclusivement sur l'existence d'un trouble manifestement illicite résultant de la violation de son droit de propriété, du droit à la protection de son domicile et de la mise en péril de ses intérêts par l'atteinte aux règles sanitaires applicables à son élevage sans se prévaloir d'aucun fait qui pourrait relever de l'article 29 de la loi du 29 juillet 1881. »

En d'autres termes, le premier juge n'aurait pas dû annuler la procédure, qui était parfaitement recevable.

Dans un second temps, la Cour d'appel se penche alors sur l'éventuel « trouble manifestement illicite » invoqué par la société exploitant l'élevage de lapins.

L'association L214 débutait avec deux argumentations relativement techniques :

- L'association L214 répondait tout d'abord que rien ne démontrait qu'elle avait elle-même réalisé la vidéo et pris les photos en litige et que, dès lors, il n'était pas démontré qu'elle s'était elle-même introduite dans les lieux. Mais sur ce point, son argumentation fut écartée puisque sur son site Internet, L214 a toujours présenté les images comme le résultat d'une enquête dont elle était l'auteure, et qu'elle a déjà fait l'objet de plusieurs poursuites pour des faits de même nature, ce qui démontre qu'elle est coutumière de telles pratiques illicites d'intrusion illicites.

- Ensuite, L214 soutenait que l'infraction pénale de violation de domicile n'était pas avérée, mais cet argument fut également écarté puisque sans avoir besoin de se pencher sur le droit pénal, toute personne physique ou morale (donc également une société commerciale) dispose d'un droit au respect de son domicile, indépendamment de l'existence d'un délit pénal.

Il restait à la Cour d'appel à se prononcer sur le point le plus délicat : le droit à la liberté d'expression qu'invoquait aussi L214. Et sur ce point également, la Cour d'appel balaya les arguments de l'association :

« Le droit à la liberté d'expression de l'association L214 n'était pas incompatible avec le respect du droit de propriété et du domicile de (la société d'élevage) dès lors que son objectif était de dénoncer des conditions d'élevage conformes aux conditions d'élevage qu'elle désapprouve et combat, et qu'elle disposait déjà, comme elle le souligne d'ailleurs dans la vidéo en évoquant 'une nouvelle enquête' d'images pour illustrer sa contestation desdites normes. Elle ne justifie dès lors d'aucun motif légitime de nature à faire perdre au trouble invoqué son caractère manifestement illicite.
Il (se déduit) des circonstances de la cause que la vidéo litigieuse n'a pu être obtenue que par la commission d'une voie de fait de sorte que sa détention et sa divulgation constituent en elles-mêmes un trouble manifestement illicite. Ainsi si la captation de l'image d'un bien accessible au public en dehors de toute manœuvre ne constitue une atteinte au droit de propriété que lorsqu'elle occasionne un préjudice, tel n'est pas le cas de photographies ou films pris frauduleusement à l'insu du propriétaire et contre sa volonté, dans des lieux dont l'accès est interdit à toute personne non autorisée. La prise, la conservation et la diffusion d'images ainsi obtenues frauduleusement constituent une atteinte manifeste aux prérogatives du propriétaire des lieux, lesquelles (prérogatives) autorisent celui-ci non seulement à s'opposer à la pénétration dans son bien, mais encore à interdire la divulgation d'images de ce bien non librement accessible au public. »

L'affaire semblait donc mal engagée, à nouveau, pour l'association L214 qui, toutefois, déposa un pourvoi en cassation, persistant dans son argumentation sur la liberté d'expression.

L'arrêt de la Cour de Cassation (Cass. 8/2/2023, n°P22-10542)

À l'appui de son pourvoi, l'association L214 formulait plusieurs reproches à l'égard de l'arrêt rendu en appel. Je me concentre sur celui qui a entraîné la cassation partielle de la décision, et qui est, précisément, lié à la liberté d'expression.

L214 soutenait en effet que le juge des référés était « *tenu de rechercher si (l'atteinte au droit de propriété de l'éleveur) n'était pas justifiée par l'exercice d'un droit fondamental de même valeur* », d'une part, et devait en outre « *s'assurer que les mesures qu'il ordonnait ne portaient pas une atteinte disproportionnée à la liberté d'expression* ».
En d'autres termes, et reprenant ainsi la jurisprudence de la Cour européenne des Droits de l'Homme, L214 reprochait aux juges d'appel de ne pas s'être livrés à cette double vérification :

- D'une part, la mise en balance du droit dont la protection était invoquée (ici le droit au respect du domicile, invoqué par l'éleveur),
- D'autre part l'évaluation de l'importance de la sanction prononcée, celle-ci ne pouvant pas être elle-même disproportionnée.

La Cour de Cassation, après avoir déclaré le moyen recevable, l'estima en outre fondé :

« Toute personne, y compris une association, a droit à la liberté d'expression, comprenant notamment la liberté de communiquer des informations ou des idées, l'exercice de cette liberté comportant toutefois des devoirs et des responsabilités et pouvant être soumis à des restrictions ou sanctions prévues par la loi qui constituent des mesures nécessaires.
/…/ Conformément à la jurisprudence de la Cour européenne des Droits de l'Homme, entre deux droits conventionnellement protégés, le juge national doit toujours procéder à une mise en balance des intérêts en présence afin de rechercher un équilibre entre les droits en concours et, le cas échéant, privilégier la solution la plus protectrice de l'intérêt le plus légitime /…/. Selon cette jurisprudence, les restrictions à la liberté d'expression doivent répondre à un

besoin social impérieux, en particulier lorsqu'elles concernent un sujet d'intérêt général, tel que la protection des animaux /.../
En outre, une association qui entend se prévaloir de la liberté d'expression au soutien de la défense de la cause animale doit, comme les journalistes, observer un comportement responsable et, partant, respecter la loi mais, si la violation de la loi constitue un motif pertinent dans l'appréciation de la légitimité d'une restriction, elle ne suffit pas, en soit, à la justifier, le juge national devant toujours procéder à cette mise en balance des intérêts en présence.
/.../ Pour accueillir les demandes (de l'éleveur), l'arrêt (d'appel) se borne à retenir qu'en pénétrant dans les locaux pour filmer les images litigieuses, l'association a porté atteinte à son droit de propriété, que le droit à la liberté d'expression de l'association n'est pas incompatible avec le respect du droit de propriété et du domicile, dès lors que son objectif était de dénoncer des conditions d'élevage conformes aux normes applicables qu'elle désapprouve et combat et qu'elle dispose déjà d'images pour illustrer sa contestation de ces normes, et que l'association ne justifie dès lors d'aucun motif légitime de nature à faire perdre au trouble invoqué son caractère manifestement illicite.
En statuant ainsi, la Cour d'appel qui n'a pas procédé à la mise en balance des intérêts en présence, a violé les textes susvisés. »

L'arrêt de la Cour d'appel est donc cassé sur ce point précis, et l'affaire est renvoyée devant une autre chambre de la même Cour d'appel (Rennes) qui devra, cette fois, procéder de façon plus sérieuse à cette mise en balance des intérêts en conflit.

Que retenir de cette affaire ?

La procédure n'est donc pas terminée, et il est possible que, revoyant sa copie, la Cour d'appel qui procédera à cette évaluation plus complète du poids de ces droits en concurrence, aboutisse malgré tout à la conclusion que dans ce cas précis le droit au respect du domicile doit l'emporter !
La Cour de cassation ne peut pas substituer sa propre appréciation de fait et c'est donc aux juges d'appel de reprendre l'examen de ce dossier, mais cette fois en s'attachant à bien respecter la jurisprudence de la Cour européenne des Droits de l'Homme. Affaire à suivre, donc.

Dans le cadre de cette collection d'ouvrages, d'autres dossiers sur un sujet identique pourront être publiés lorsque je disposerai de nouvelles décisions sur la même thématique. Dans ce cas, si un nouvel arrêt a été rendu par la Cour d'appel dans cette affaire-ci, je compléterai mon analyse pour actualiser la situation.

PEUT-ON DÉCROCHER LE PORTRAIT DU PRÉSIDENT DE LA RÉPUBLIQUE DANS UN BÂTIMENT OFFICIEL EN GUISE DE PROTESTATION ?

À moins de n'avoir jamais allumé une télévision depuis plus de 4 ans, vous avez dû entendre parler de l'une ou l'autre des affaires dont il sera question dans cette analyse. Elles ont toutes en commun une action militante, quel qu'en soit le sujet, qui se manifeste par le décrochage du portrait présidentiel dans une ou plusieurs mairies. Cet acte est-il répréhensible en lui-même ? Si oui, sur quelle base ? Et, surtout, peut-il être malgré tout justifié au titre de la liberté d'expression malgré l'éventuelle infraction pénale commise ?

Je détaillerai les faits et les décisions rendues affaire par affaire, avant de synthétiser les décisions rendues.

Un auteur de doctrine a parfaitement résumé la symbolique de ces différentes affaires, dans les termes suivants :

« Il est vrai que c'est une technique militante qui frappe par sa symbolique, consistant en quelque sorte à faire descendre le monarque républicain de son trône, afin d'attirer l'attention. On pourrait traiter la pratique de façon légère, mais les parquets, pourtant passablement occupés par de vraies atteintes à l'ordre public, ne plaisantent pas avec l'irrévérence et engagent en général des poursuites sur le terrain du vol, en estimant qu'est ainsi caractérisée une soustraction frauduleuse de la chose d'autrui. Le terme « soustraction » nous semble un bien grand mot pour un simple déplacement, mais on s'accorde généralement à considérer que les éléments de l'infraction sont techniquement constitués, si bien que la défense se focalise sur la recherche de faits justificatifs ou de causes exonératoires de responsabilité. » (Christophe BIGOT, « Décrochage d'un portrait présidentiel et liberté d'expression », Légipresse Décembre 2021, p. 601).

En réalité, deux pistes essentielles ont été explorées par les militants pour tenter d'éviter des condamnations :

- Tout d'abord « l'état de nécessité ». Selon l'art 122-7 « n'est pas pénalement responsable la personne qui, face à un danger actuel ou imminent qui menace elle-même, autrui ou un bien, accomplit

un acte nécessaire à la sauvegarde de la personne ou du bien, sauf s'il y a disproportion entre les moyens employés et la gravité de la menace ». Ici, il s'agissait donc pour les manifestants de considérer que leur attitude se justifiait par l'urgence climatique elle-même.
Cet argument a été rejeté par l'ensemble des juridictions saisies (à l'exception du jugement rendu en première instance - réformé ensuite en appel - de la procédure n°3 qui sera évoquée plus loin). Je n'y reviendrai pas, l'essentiel de mon analyse se concentrant sur le second moyen de défense invoqué.

- Le second argument invoqué en défense est celui qui m'intéresse dans cette analyse : la liberté d'expression des manifestants est-elle de nature à l'emporter sur la qualification pénale retenue malgré la reconnaissance des faits par les manifestants ?

Voyons à présent comment les différentes juridictions ont mis en balance ces droits concurrents.

Affaire n°1

Les faits

Les faits de cette première affaire se déroulèrent en juin et juillet 2019, juste avant le sommet G7 qui allait se tenir fin août 2019 à Biarritz.
Les manifestants/activistes avaient investi trois mairies dans le Gers, et reprochaient essentiellement au gouvernement et au Président Macron de ne pas prendre suffisamment de mesures pour protéger le climat.
En guise de protestation, ils décrochèrent donc les portraits du Président dans chacune de ces trois mairies.

Ils avaient aussi laissé sur place un tract afin d'alerter sur la nécessité d'adopter des mesures urgentes pour faire face au réchauffement climatique. Il semble qu'ils n'avaient ensuite PAS restitué les portraits décrochés.

Par la suite, ils furent poursuivis pour vol en réunion (également appelé « vol aggravé », ce sont des synonymes). Une des trois communes seulement s'est constituée partie civile. Les prévenus ont reconnu les faits.

Les décisions rendues

<u>*1ère instance – Tribunal correctionnel Auch, 27/10/2020, n°19346000005*</u>

En première instance, le Tribunal judiciaire d'Auch s'est donc penché sur la liberté d'expression.
Il a d'abord rappelé les principes et les conditions nécessaires pour que la liberté d'expression l'emporte éventuellement :

« En résumé, le fait justificatif résultant de la liberté d'expression peut prévaloir et justifier une relaxe en matière de délit de vol en réunion des portraits du président de la République au sein de mairies, dans l'hypothèse où l'action :
. en premier lieu, révélant une protestation politique/militante poursuivie pénalement s'inscrit dans un débat d'intérêt général,
. en deuxième lieu, qu'elle soit nécessaire au travers d'une action contextualisée non violente et très limitée dans le temps,
. en troisième lieu, qu'elle soit strictement proportionnée et enfin que les sanctions pénales encourues ne puissent être considérées comme disproportionnées. » (TJ Auch, 27/10/2020, n°1934).

Dans le jugement, examinant ensuite chacune des trois conditions évoquées, le tribunal judiciaire considère :

- Que la nature des « *mesures à prendre par les gouvernements pour assurer le devenir de l'Humanité* » était bien une question primordiale, et donc s'inscrivait bien dans un débat d'intérêt général. La première condition était dès lors remplie.
- Que l'action militante consistant à décrocher le portrait du président de la République s'inscrivait dans un contexte (le G7 à venir), et que cette action avait un caractère « *a priori sérieux* ».
- Qu'enfin, l'action ayant été menée sans aucune violence physique, animosité ou pression sur le personnel des mairies, elle était proportionnée (3ème condition) et que les comportements des prévenus n'avaient pas été excessifs.

Pour toutes ces raisons, le tribunal conclut en estimant :

« En l'espèce, l'incrimination et partant de là la sanction pénale demeure une ingérence disproportionnée à l'exercice de la liberté d'expression des prévenus, quand bien même la peine prononcée ne serait que symbolique. /…/ même s'il n'a été requis qu'une

peine d'amende avec un quantum très faible, néanmoins une telle condamnation serait de nature à constituer un éventuel premier terme au titre de la récidive. Toute condamnation en l'espèce, même à de l'amende avec sursis, constituerait une ingérence disproportionnée dans l'exercice de la liberté d'expression des prévenus. Dans ces conditions, au vu des critères objectifs susvisés et appréciés in concreto par la juridiction de céans au cas d'espèce, l'infraction de vol en réunion (et complicité) étant neutralisée par l'exercice de la liberté d'expression des prévenus, il convient de les relaxer des fins de la poursuite. »

(Pour aller plus loin sur l'analyse de ce jugement : Emmanuel DREYER, « Décrochage d'un portrait présidentiel : vol ou expression d'une opinion ? », Légipresse décembre 2020, p. 680).

Appel – CA Agen, 3/2/2022, RG inconnu

Le parquet fit appel du jugement rendu par le TJ d'Auch, ce qui saisit la Cour d'appel d'Agen, ce qui déboucha sur un arrêt du 3/2/2022 dont je n'ai pas trouvé la copie. La Cour d'appel fut apparemment plus sévère que le tribunal judiciaire, puisque le pourvoi fut ensuite introduit par les militants eux-mêmes.
La Cour d'appel avait notamment estimé :

« /…/ si le dérèglement climatique est un sujet d'intérêt général pouvant justifier des manifestations médiatiques, de nature politique et militante, la qualification de vol poursuit un but légitime de protection de la propriété qui répond à un besoin social impérieux et que la liberté d'expression ne saurait justifier une atteinte à un droit fondamental tout aussi constitutionnel que celui du droit de propriété ; » (CA Agen,3/2/2022, RG non précisé)

Cassation – Cass. Crim 30/11/2022, n°22-80959

Sur pourvoi des militants, donc, la Cour de Cassation fut amenée à se pencher sur ce conflit de normes.
Les prévenus condamnés reprochaient à la Cour d'appel de ne pas avoir examiné suffisamment si, au regard des circonstances, la condamnation n'était pas une ingérence disproportionnée à la liberté d'expression. En d'autres termes, et à les suivre, la Cour d'appel n'avait pas suffisamment mis en balance les deux normes en conflit.

Mais la Cour de Cassation rejeta cette argumentation, estimant au contraire que la Cour d'appel avait bien motivé son arrêt.

« Les juges relèvent que les objets volés, qui n'ont pas été restitués, ont une valeur hautement symbolique et ont été soustraits au cours d'une action mûrement préparée.
Ils concluent que l'ingérence résultant des poursuites répond à un besoin social impérieux et ne saurait justifier une atteinte à un droit fondamental qui est celui du droit de propriété.
En prononçant ainsi, la Cour d'appel a justifié sa décision.
En effet, la Cour de Cassation est en mesure de s'assurer que, bien que l'action menée par les prévenus se soit inscrite dans le cadre d'une démarche militante et puisse être considérée comme une expression au sens de l'article 10 précité, la déclaration de culpabilité assortie d'une dispense de peine n'est pas disproportionnée au regard de la valeur symbolique du portrait du Président de la République, de l'absence de restitution, ainsi que de la circonstance que les vols ont été commis en réunion. » (Cass.crim. 30/11/2022, n°22-80959).

Affaire n°2

Les faits

Les faits se déroulent cette fois en Gironde, courant mai 2019. Ils sont identiques si ce n'est qu'au lieu de laisser des tracts à proximité, les militants ont remplacé le portrait par une affiche accrochée au mur.
Dans cette affaire également, les prévenus avaient refusé, pendant leur garde à vue, de se soumettre à un prélèvement biologique.

Des poursuites correctionnelles sont aussi intentées pour vol en réunion.

Les décisions rendues

1ère instance – Tribunal correctionnel de Bordeaux, 20/12/2019, référence exacte inconnue

En première instance, par un jugement dont je n'ai pas pu obtenir copie, les prévenus ont été condamnés.
Le refus de se soumettre au test biologique a aussi entraîné une condamnation pour au moins l'un des prévenus.
Le tribunal les a déclarés coupables, mais a ajourné le prononcé des peines (ce qui est une mesure autorisée en droit pénal, qui permet ainsi de ne pas entacher le casier judiciaire lorsque le tribunal veut faire preuve de souplesse). Une mesure de confiscation des portraits a également été prononcée.

Les moyens invoqués par les prévenus étaient identiques à ceux de l'affaire n°1 : état de nécessité (écarté en l'espèce) et liberté d'expression (qui fait l'objet de mon analyse). Ils ont donc interjeté appel.

Appel (CA Bordeaux, 16/9/2020, n° inconnu)

Un arrêt a ensuite été rendu en appel, mais l'arrêt de cassation, ensuite, n'en reproduit pas la référence exacte.
Cet arrêt n'a pas plu aux prévenus qui ont déposé un pourvoi en cassation.

Cassation – Cass.crim. 22/9/2021 (n°20-85434)

La Cour de Cassation (chambre criminelle) a accueilli l'une des branches du pourvoi, en estimant que la Cour d'appel aurait dû se pencher sur la mise en balance de l'infraction reprochée avec la liberté d'expression :

« Il résulte de (l'article 10 de la Convention européenne des droits de l'Homme) que toute personne a droit à la liberté d'expression, et que l'exercice de cette liberté peut être soumis à certaines formalités, conditions, restrictions ou sanction prévues par la loi, qui constituent des mesures nécessaires dans une société démocratique, notamment à la défense de l'ordre et à la prévention du crime, à la protection de la santé ou de la morale.
Selon le second, tout jugement ou arrêt doit comporter les motifs propres à justifier la décision. L'insuffisance ou la contradiction des motifs équivaut à leur absence.
Ainsi que l'a déjà jugé la Cour de Cassation, l'incrimination d'un comportement constitutif d'une infraction pénale peut, dans certaines circonstances, constituer une ingérence disproportionnée dans l'exercice de la liberté d'expression, compte tenu de la nature et du contexte de l'agissement en cause.
Pour déclarer les prévenus coupables de vols aggravés ou complicité de ces vols, l'arrêt (de la Cour d'appel) attaqué énonce que tous les prévenus ont eu l'intention d'appréhender ou d'aider à appréhender les portraits du président de la République, se comportant à leur égard durant le temps de cette appropriation comme leur véritable propriétaire.
Les juges ajoutent que la liberté d'expression, garantie par notre droit positif, ne peut être invoquée en l'espèce, car elle ne peut jamais justifier la commission d'un délit pénal. Ils précisent que si la notion juridique de lanceur d'alerte existe effectivement, elle ne peut trouver ici aucune application.
En se déterminant ainsi, sans rechercher, ainsi qu'il le lui était demandé, si l'incrimination pénale des comportements poursuivis ne constituait pas, en l'espèce, une atteinte disproportionnée à la liberté d'expression des prévenus, la Cour d'appel n'a pas justifié sa décision. » (Cass.crim. 22/9/2021, pourvoi n°20-85434).

(Pour aller plus loin sur cet arrêt : Agathe LEPAGE, « *Vol et liberté d'expression* », Communication Commerce Économique Nov. 2021, .29 ; Lionel COSTES, « *Décrocheurs de portraits : l'état de nécessité écarté* »,

Lamy droit de l'Immatériel Oct. 2021, p.29 ; Christophe BIGOT, « *Décrochage d'un portrait présidentiel et liberté d'expression* », Légipresse Déc. 2021, p.398).

L'affaire ayant été renvoyée devant une autre Cour d'appel, un arrêt fut rendu par la Cour d'appel de renvoi.

Appel (Cour de renvoi après cassation, CA Toulouse 27/4/2022, RG inconnu)

Sur renvoi, la Cour d'appel de Toulouse rendit un arrêt le 27/4/2022, dont je n'ai toutefois pas pu trouver de copie.
Dans cette décision, la Cour d'appel a relaxé les différents prévenus de l'ensemble des préventions qui étaient mises à leur charge (vol aggravé, refus de se soumettre à un prélèvement biologique, et complicité de vol, selon les prévenus).

Une partie des motifs de la Cour d'appel de renvoi est toutefois reprise dans l'arrêt rendu ensuite par la Cour de Cassation. Ceci me permet de résumer les éléments qui ont amené à cette relaxe générale :

- Le fait que les faits incriminés s'inscrivaient bien dans une action militante et politique, dans le but d'alerter sur un sujet d'intérêt général dont l'objet est le dérèglement climatique.
- Le fait que les auteurs étaient « dénués d'intérêt personnel ou financier », et qu'ils avaient agi à visage découvert.
- Le fait que l'action avait été menée de façon non violente, et qu'elle ne portait que sur un portrait « *de très faible valeur marchande* », le préjudice financier de chaque mairie étant constitué par le prix du portrait (8,90 €) et celui du cadre.
- Le fait que le vol du portrait, remplacé par des affiches, exprimait de façon symbolique un message sur l'inaction climatique, et que l'opération n'avait « *pas porté atteinte à la dignité de la fonction ou à celle de la personne humaine* » (du président).

En conséquence de tout cela, la Cour d'appel avait conclu que la condamnation constituerait une ingérence disproportionnée dans l'exercice de la liberté d'expression.

Le Parquet ne l'entendait toutefois pas de cette oreille, et déposa à son tour un pourvoi devant la Cour de Cassation.

Le second arrêt de la Cour de Cassation (29/3/2023, n° 22-83458)

Dans cet arrêt récent – le plus récent en date dans ces différentes affaires, au moment où j'écris ces lignes et où ce livre est envoyé à l'impression -, la Cour de Cassation va rejeter le pourvoi du Parquet.
Examinant la motivation de la Cour d'appel (que j'ai synthétisée ci-dessus), la Cour de Cassation estime :

« En statuant ainsi, la Cour d'appel qui a procédé au contrôle de proportionnalité requis, a justifié sa décision pour les motifs qui suivent :
. En premier lieu, la Cour d'appel a, à juste titre, considéré que les changements climatiques constituent un sujet d'intérêt général.
. En deuxième lieu, elle a suffisamment caractérisé le lien entre les faits poursuivis et le sujet (d'intérêt général)
Enfin, elle a pris en considération la valeur matérielle des biens en cause et, en relevant l'absence d'atteinte à la dignité de la personne du Président de la République et de sa fonction, leur valeur symbolique, ainsi que le dommage causé aux collectivités territoriales victimes.
En conséquence, le (pourvoi) n'est pas fondé. » (Cass.crim, 29/3/2023, n°22-83458)

D'autres moyens de cassation, plus techniques, étaient détaillés par le Parquet, mais ils sortent du champ de mon ouvrage et ont également été rejetés par la Cour de Cassation.

L'arrêt de la Cour d'appel qui prononçait la relaxe est donc à présent définitif, et les prévenus, dans cette affaire, sont intégralement relaxés.

Affaire n°3

Les faits

Une affaire identique est reportée à Lyon. Je n'ai pas pu trouver de détails sur les faits, qui doivent être sensiblement identiques

Les décisions rendues

Je n'ai pas pu trouver les décisions, mais l'une d'elles est citée par l'un des auteurs de doctrine qui ont consacré des articles à cette série d'affaires. En effet, dans son article publié le 1/12/2021, l'avocat Christophe BIGOT cite en effet cette affaire précisant que le premier des deux arguments des prévenus, à savoir l'état de nécessité, avait été retenu par un tribunal correctionnel lyonnais (T.corr. Lyon, 16/9/2019, n°19168000015, AJDA 2019.1781) avant d'être écarté en appel (CA Lyon, 14/1/2020, semble-t-il inédit) (voir pour l'ensemble de ces brèves précisions : Christophe BIGOT, « *Décrochage d'un portrait présidentiel et liberté d'expression* », Légipresse Déc. 2021, p.398).

Affaires n°4, 5 et 6

Il faut ensuite citer trois affaires qui, portées devant la Cour de Cassation, ont donné lieu à trois arrêts rendus le même jour (18 mai 2022).
Quelques éléments sont donnés sur les faits dans les trois arrêts. Je les examine affaire par affaire, en regroupant les faits et la décision rendue par la Cour de Cassation sur cette stricte question du conflit de normes avec la liberté d'expression.

Affaire n°4 (Cass.crim 18/5/2022, n°21-86647)

Les faits se passent dans la Drôme. Un portrait d'une valeur de 50 € est ainsi décroché, au moment précis où un mail est envoyé au maire, invoquant – pour insister à nouveau sur l'urgence climatique – une « réquisition temporaire » du portrait. Des photos du décrochage sont en outre prises par les militantes, puis publiées sur l'antenne locale de leur groupe (dont le nom n'est pas précisé dans l'arrêt anonymisé). Au moment des faits, il semble qu'elles n'ont expliqué le caractère politique de l'action qu'après le décrochage, ce qui paraît avoir causé un certain émoi au sein du personnel de la mairie. Le portrait n'a pas été restitué, les militantes indiquant qu'il le serait lorsque leurs revendications seraient satisfaites.
Trois femmes sont identifiées et font l'objet de poursuites pour vol aggravé.
En première instance (jugement du 13/11/2020 d'un tribunal non précisé) elles font l'objet d'une relaxe, contre laquelle le Parquet interjette appel. En appel, elles sont condamnées (CA Grenoble, 27/10/2021, références non mentionnées) à une peine d'amende de 200 € avec sursis.

Les militantes soutenaient devant la Cour de Cassation que la Cour d'appel avait bien apprécié la proportionnalité de la CONDAMNATION prononcée mais qu'elle aurait dû, en amont, examiner également la proportionnalité de l'incrimination elle-même.
Pour répondre à cela, la Cour de Cassation estime que cet examen de proportionnalité doit concerner l'ensemble de la situation, et

notamment : les circonstances de fait, la gravité du dommage ou du trouble éventuellement causé. Dès lors, lorsqu'il s'agit d'un vol, la valeur matérielle du bien doit être prise en considération, de même que sa valeur symbolique, et le caractère éventuellement irréversible du dommage causé à la victime. Dans ce cas précis, la Cour de Cassation estime que la motivation de la Cour d'appel était suffisante et que la peine prononcée était proportionnée, les juges d'appel ayant d'ailleurs indiqué que « *les faits ont été commis dans le cadre d'une action militante, en dehors de tout intérêt personnel et financier* ». L'arrêt était donc suffisamment motivé, et le pourvoi en cassation est rejeté.

Affaire n°5 (Cass.crim. 18/5/2022, n° 21-86685)

Les faits se passent cette fois dans l'Est de la France, fin juillet 2019. Une dizaine de militants s'emparent du fameux portrait dans une mairie du Bas-Rhin, et ont affiché un tract à la place du portrait décroché.
Elles posent pour une photographie devant la mairie, puis s'en vont en emportant le portrait présidentiel. Il est aussi question d'une « réquisition temporaire » jusqu'à ce que leurs revendications soient entendues.
Deux personnes sont identifiées et condamnées pour vol en réunion. L'une et l'autre sont condamnées en première instance à une amende de 300 €, semble-t-il sans sursis, par ordonnance. Elles font opposition, et sont relaxées ensuite par le même tribunal statuant sur cette opposition. Le Parquet fait appel de ce jugement.
En appel (CA Colmar, 30/6/2021, références non précisées), la Cour d'appel les condamne à une amende de 400 €, mais cette fois avec sursis. Il semble, si on lit entre les lignes l'arrêt rendu ensuite par la Cour de Cassation, que l'une des considérations de l'arrêt d'appel était le souhait que ce type de comportements se généralise et que d'autres militants s'en prennent à des biens de plus grande valeur.
Les militantes déposent toutes deux un pourvoi devant la Cour de Cassation.

La motivation de la Cour de Cassation est quasiment identique à celle de l'affaire n°4 évoquée plus haut : nécessité de prendre en considération l'ensemble des éléments, y compris la valeur symbolique du portrait « réquisitionné ». Elle estime que les poursuites engagées ne sont pas une ingérence disproportionnée contre la liberté d'expression des militantes, et qu'en outre elles auraient évité une perquisition de leur domicile si le portrait avait été restitué. En outre, au vu de l'absence d'antécédents et de la valeur du portrait (35 €), les peines prononcées sont légères (et assorties d'un sursis). Pour toutes ces raisons, la Cour de Cassation estime que la Cour d'appel a bien motivé sa décision, et rejette le pourvoi.

(Pour aller plus loin sur ces affaires : Renaud LE GUNEHEC et Antoine PASTOR, « Action militante – Art. 10 CEDH – Contrôle de proportionnalité », Légipresse Sept. 2022)

Que retenir des décisions rendues ?

Nous avons donc vu :

- Dans l'affaire n°1, une relaxe totale en première instance, mais une condamnation légère en appel, la Cour de cassation ayant refusé de casser cet arrêt dans la mesure où les portraits – d'une valeur symbolique importante – n'avaient pas été restitués, et que le droit de propriété devait être protégé.
- Dans l'affaire n°2, la condamnation prononcée par les juges du fond (1ère instance et appel) a fait l'objet d'une cassation, à défaut pour la Cour d'appel de s'être livrée à une mise en balance suffisante des droits en conflit. In extremis, juste avant que j'envoie mon ouvrage à l'impression, la Cour de Cassation qui avait une nouvelle fois été saisie suite à la relaxe complète des prévenus a rejeté le pourvoi formé par le Parquet. Dès lors, les prévenus n'ont au final pas été condamnés.
- Dans l'affaire n°3 j'ignore ce qui a été décidé par la Cour d'appel, si ce n'est que l'argument de droit pénal sur l'état de nécessité a été écarté. Je ne peux donc tirer aucune conclusion à ce niveau.
- Dans les affaires n°4, 5 et 6 examinées conjointement, enfin, les peines prononcées (variables d'une affaire à l'autre) sont considérées comme proportionnées, et la Cour de Cassation estime que les Cours d'appel concernées ont suffisamment motivé leurs décisions dès lors que tous les éléments de fait ont été pris en considération.

Vu l'obligation pour les juges du fond de tenir compte, dans leur mise en balance des droits concurrents, de TOUS les éléments de fait, la situation s'avère plus « confortable » pour les militants qui :

- Ne causent pas de frayeurs aux employés municipaux et avertissent d'emblée du caractère politique de leur action.

- Restituent le portrait (ou le laissent sur les lieux au moment des faits, après avoir fait quelques photos), en lieu et place de le prendre en otage jusqu'à satisfaction de leurs revendications.

Cela étant, l'arrêt rendu par la Cour de Cassation le 29 mars 2023 dans la deuxième affaire examinée pourrait faire jurisprudence et amener, éventuellement, d'autres relaxes dans des faits identiques, pour autant bien sûr que la mise en balance des intérêts soit correctement effectuée par les juges du fond.

Par ailleurs, ces affaires intéressantes posent également d'autres questions que je soulève ci-dessous :

- Tout d'abord, l'apparente tolérance manifestée par certains juges (du moins lorsque les portraits avaient été restitués) s'explique-t-elle par le fait que les manifestants formulaient une revendication conforme au discours d'une grande partie de la population et des médias ? Mais que se serait-il passé, juridiquement, si les revendications des activistes/décrocheurs de portraits avaient pris une direction moins consensuelle ? En d'autres termes, si les manifestants avaient au contraire critiqué les mesures écologiques pour soutenir que le réchauffement climatique n'était qu'un canular, les décisions auraient-elles été identiques ou, au contraire, plus sévères ? Juridiquement, les droits en conflits auraient en effet été identiques : liberté d'expression d'une part, atteinte potentielle au droit de propriété (celui des mairies) d'autre part, avec toute la dimension symbolique qui est en filigrane, du fait de l'objet de ce décrochage. La question reste pour l'instant ouverte même si l'arrêt rendu par la Cour de Cassation le 28 mars 2023 (affaire n°2) me laisse penser que si « *le changement climatique constitue un sujet d'intérêt général* », il y a de fortes chances que des juges ne l'entendent ainsi que pour une action allant dans le sens d'une alerte. L'avenir nous dira ce qu'il en est, si des actions identiques ou comparables sont lancées dans un sens moins consensuel.

- Ensuite, et comme le relève une autre juriste, « *jusqu'à quelles infractions s'étendra la conquête de l'article 10 de la Convention européenne des Droits de l'Homme ?* » (Agathe Lepage, « Vol et liberté d'expression », Communication Commerce Électronique, Novembre 2021, p.29).

D'autres jurisprudences ont en effet admis qu'au titre de la liberté d'expression, des manifestantes du groupe « Femen » se dénudent dans une église. Sans avoir à me prononcer moi-même sur le bien fondé de ces décisions, qui sont coulées en force de chose jugée, je rejoins cette juriste lorsqu'elle s'interroge sur les limites de cette évolution. Il est probable qu'un prochain volume de cette collection viendra, à l'avenir, compléter cette série d'analyses.

CONCLUSION PROVISOIRE DU DOSSIER

Dans cette collection des « Dossiers du droit de la photo », mes conclusions seront plus que jamais provisoires.
Les analyses sont en effet un instantané ponctuel de quelques affaires, et s'inscrivent dans une évolution lente et progressive dont la direction n'est pas toujours aisément discernable sans un minimum de recul.
Cette précaution oratoire étant rappelée, que peut-on retenir des analyses qui précèdent ?

La principale règle d'or, lorsqu'une personne entend invoquer la liberté d'expression pour justifier un acte potentiellement répréhensible (sur base d'une disposition pénale ou civile), est le plus souvent en lien avec les conséquences de cet acte :

- Lorsque les conséquences n'ont pas impacté des tiers, comme ce fut le cas dans l'affaire du portrait royal brûlé (première affaire examinée) puisqu'il n'y avait pas d'appel à la haine, la liberté d'expression l'a emporté.
- Dans toutes les actions en lien avec la protection animale, nous avons vu que la nature du droit qui est en concurrence avec la liberté d'expression a une importance substantielle : selon que le propriétaire de l'élevage concerné invoque son droit de propriété, le droit à l'image, l'existence d'une éventuelle diffamation, etc., les analyses pourront être très différentes. Il appartient aux avocats des personnes qui se plaignent de l'utilisation d'une image les concernant de bien fonder leur action, d'une part, et de saisir le juge compétent. Une action en référés n'est pas toujours possible, selon ce qui sera demandé, et il faut un réel « trouble manifestement illégal » pour obtenir une mesure provisoire devant ce juge de l'urgence. De leur côté, les militants ont donc tout intérêt, dans leur action, à ne pas causer de dommage collatéral grave puisque ces éléments de fait auront toujours une importance dans l'examen qui sera fait par les juges au moment de mettre en balance les droits en concurrence.
- Enfin, l'apparente tolérance manifestée par les décisions rendues concernant les portraits présidentiels dans certaines des affaires commentées fut contrebalancée par des condamnations (certes légères) dans d'autres dossiers. Là encore, le défaut de restitution

> des portraits semble avoir joué un rôle prédominant dans les conséquences de l'action. Nous avons vu toutefois que le dernier arrêt en date, au jour où j'écris ces lignes, a semblé pencher vers la clémence. Je n'ai aucun doute sur le fait qu'il sera invoqué ensuite dans différentes affaires identiques.

Notons également que dans bien des cas, la Cour européenne des Droits de l'Homme rend des décisions moins sévères que les juridictions internes. J'ignore si certaines des affaires relatives aux portraits présidentiels et/ou à la protection animale ont été soumises à cette juridiction supranationale, mais j'ouvrirai l'œil si des arrêts sont rendus dans ces matières, car ils pourraient changer les conclusions de mon analyse.

À très bientôt pour un nouveau volume des Dossiers du Droit de la Photo. La collection est destinée à s'étoffer très rapidement.

Imprimé et diffusé sur la plateforme www.bookelis.com
Merci à la sympathique et dynamique équipe qui met à notre disposition cet outil très bien conçu.

BOOKELIS

Dépôt légal : Avril 2023
Achevé d'imprimer en France

Joëlle Verbrugge

www.ingramcontent.com/pod-product-compliance
Lightning Source LLC
La Vergne TN
LVHW022029200926
848481LV00007B/2614

9791035966874